Victoria Kull

Deutsch-Abitur. Übersicht über Epochen und Werke

Zusammenfassung zur Abiturvorbereitung

GRIN Verlag

Bibliografische Information der Deutschen Nationalbibliothek:

Die Deutsche Bibliothek verzeichnet diese Publikation in der Deutschen National-
bibliografie; detaillierte bibliografische Daten sind im Internet über http://dnb.d-
nb.de/ abrufbar.

Impressum:

Copyright © 2015 GRIN Verlag, Open Publishing GmbH
Druck und Bindung: Books on Demand GmbH, Norderstedt Germany
ISBN: 978-3-668-00438-2

Dieses Buch bei GRIN:

http://www.grin.com/de/e-book/301208/deutsch-abitur-uebersicht-ueber-epochen-
und-werke

GRIN - Your knowledge has value

Der GRIN Verlag publiziert seit 1998 wissenschaftliche Arbeiten von Studenten, Hochschullehrern und anderen Akademikern als eBook und gedrucktes Buch. Die Verlagswebsite www.grin.com ist die ideale Plattform zur Veröffentlichung von Hausarbeiten, Abschlussarbeiten, wissenschaftlichen Aufsätzen, Dissertationen und Fachbüchern.

Besuchen Sie uns im Internet:

http://www.grin.com/

http://www.facebook.com/grincom

http://www.twitter.com/grin_com

Abitur 2015 Deutsch GK

Inhaltsverzeichnis

Aufklärung (um 1720-1800)

- „Habe den Mut, dich deines eigenen Verstandes zu bedienen." (Kant)
- Geistige Bewegung
- Kritische Vernunft
- Denksystem
- Aufstrebendes Bürgertum gegen die Autorität von Adel und Kirche
- Kritik am absoluten Wahrheitsanspruch der Religion + der absoluten Monarchie

Zeitgeschichtliche Rahmenbedingungen

- Kleinstaaterei
- Preußen + Österreich auf dem Weg, Großmächte zu werden
- Bürgertum gewinnt an Bedeutung (vor allem in ökonomischer und kultureller Hinsicht)

Welt- und Menschenbild

- Naturwissenschaftlich geprägtes Denken
- „Ich denke, also bin ich"
- Fortschrittsglaube
- Moral, Weisheit und Tugend als Kernbegriffe
- Menschenbild einer angeborenen Humanität
- Toleranzdenken
- Optimistische Weltansicht
- Mittels der Vernunft ist es möglich, sinnvolle ethische Normen zu entwickeln

Gattungen

- Didaktische Gattungen (Fabeln, lehrhafte Erzählungen, Lehrgedichte)
- Romane (stellen Entwicklungen dar)
- Kritische Texte (Satire)

Sturm und Drang (um 1740 - ca. 1785)

- Jugendbewegung
- Kaum ausdrücklich politisch

Begriff und Eingrenzung:

- Von der Nachwelt in Anlehnung an das Drama „Sturm und Drang" zur Bezeichnung der Geniebewegung benutzt

Zeitgeschichtliche Rahmenbedingungen:

- Aufklärung und Sturm und Drang laufen zeitlich parallel
- Nach siebenjährigem Krieg (1756-1763) erstmals deutsches Nationalbewusstsein
- Wandel von der höfischen zur aufgeklärten absolutistischen Herrschaftsform („Aufgeklärter Absolutismus) → in zahlreichen Territorialfürstentümern kaum verwirklicht
- Unterdrückung und Ausbeutung der Untertanen zur Finanzierung fürstlicher Prunksucht und Machtgier → bestimmen in vielen Gebieten politische Realität

Welt- und Menschenbild:

- Ablehnung einer reinen und einseitigen Vernunft-Orientierung
- Ideal: Verbindung des Rationalen mit dem Emotionalen
- Orientierung an der Natürlichkeit des Menschen
- Streben nach individueller Freiheit, Selbstverwirklichung und Selbstständigkeit
- Mensch nicht als Teil eines geordneten Systems → autonomes Zentrum eines je eigenen Welt
- Zentraler Gegenstand: Natur → kreative Größe, die selbst göttlichen Charakter besitzt

Ästhetische Theorie:

- Genialität und subjektive Schöpferkraft ersetzen jegliche äußere Regelhaftigkeit
- Kunstwerk wird mit natürlichem Organismus verglichen
- Grenzen zwischen Natur und Kunst = fließend

Sprache:

- Hinwendung zur Natürlichkeit und Ursprünglichkeit der Volkssprache

- Geprägt von Vokabeln aus Umfeld von Schöpfertum, Natürlichkeit, Individualität
- Wortneuschöpfungen = typisches Symptom der individuell verstandenen Kreativität

Themen und Motive:

- Natur, Individualität Kreativität
- Häufig Standes- und Familienkonflikte
- Sozialkritische Aspekte
- Zerrissenheit des Menschen zwischen Gefühl und Verstand
- Auflehnung eines nach Freiheit strebenden Individuums gegen einengende gesellschaftliche Normen

Gattung:

- Dramen (Auflehnung gegen zu enge traditionelle Konventionen: Figureninventar, Akt-Einteilung, vorkommende Sprachebenen und Vernachlässigung der Drei-Einheiten-Regel)
- Erlebnisdichtungen/politische Dichtung
- Balladen, volkstümliche Lieder
- Briefromane

Autoren und Werke:

- Johann Gottfried Herder (1744-1803): „Fragmente über die neuere deutsche Literatur", „Kritische Wälder oder Betrachtungen die Wissenschaft und Kunst des Schönen betreffend"
- Johann Wolfgang von Goethe (1749-1832): „Sesenheimer Lieder", „Frankfurter Hymnen", „Götz von Berlichingen", „Die Leiden des jungen Werthers"
- Friedrich Maximilian Klinger (1752-1831): „Sturm und Drang"
- Heinrich Leopold Wagner (1747-1779): „Die Kindermörderin"
- Jakob Michael Reinhold Lenz (1751-1792): „Der Hofmeister", „Die Soldaten"
- Gottfried August Bürger (1747-1794): Balladen, „Leonore"
- Ludwig Hölty (1784-1776): Gedichte

Zitate und Sprüche:

„Das Gefühl ist mehr als die Vernunft!" (Rousseau)

Weimarer Klassik (1786-1805)

Begriff und Eingrenzung:

- „Klassisch" → zeitlos gültig, vollkommen, vorbildlich (besonders im künstlerischen Bereich)
- „Klassik" → zeitlich fixierte Epoche, in der Kunstwerke von einmaligem Rang entstehen
- „Weimarer Klassik" → Zeitraum vom Beginn der Italienreise Goethes (1786) bis zum Tod Schillers (1805) bzw. bis zum Tod Goethes (1832)

Zeitgeschichtliche Rahmenbedingungen:

- 1789 : Französische Revolution (Sturm der Bastille, Menschen und Bürgerrechte)
- 1792: Jakobiner → Zeit des Terrors
- 1794: Robespierre wird gestürzt
- 1799 Napoleon an der Macht → 1804: französischer Kaiser → 1806: Auflösung des Heiligen Römischen Reichs deutscher Nation → 1812: Napoleon gegen Russland → 1813: Beginn der Befreiungskriege, Ende durch Schlacht bei Waterloo
- 1815: Wiener Kongress → Neuordnung Europas
- Weimar: deutsche Kleinstaat mit aufgeklärtem Herzog mit Interesse an Kunst und Wissenschaft
- 1755: Goethe kommt an den Hof als Ratgeber (Hof selbst stellt keine bedeutende politische Größe dar)

Welt- und Menschenbild:

- Wendet sich von Grausamkeit der Französischen Revolution ab -> nur noch „philosophisches" Befassen mit den blutigen Ereignissen
- Mensch in einer Mittelstellung: durch seinen Geist hat er teil an der „Gottheit", seine Natur lässt ihn an „Tierheit" teilhaben
- Bildbarkeit des Menschen (Nachfolge der Aufklärung), Erziehbarkeit zum Guten, Ausbildung einer harmonischen Gesamtpersönlichkeit, die Gefühl und Verstand umgreift
- Sittlichkeit: Menschen als Vernunftswesen, autonom und frei, in der Lage, alle Zwänge (selbst den Tod) dem Begriff nach aufzuheben

- „reine Menschlichkeit" humanistisches Ideal, Ausgleich, Harmonie in alles Bereichen

Ästhetische Theorie:

- Ideale der griechischen Antike (Winckelmann)
- Kunst verarbeitet Wirklichkeit und zeigt Ideal
- Kunst schafft Ausgleich zwischen Geist und Sinnlichkeit, zwischenPflicht und Neigung, zwischen sinnlichem Antrieb und dem Gesetz der Vernunft im Rahmen einer höheren Harmonie

Sprache:

- Gehobener Gegenstand fordert gehobene Form → Überhöhung auf sprachlicher Ebene
- Gehobene, durchgeformte Sprache

Themen und Motive:

- Alltag tritt zurück → große Stoffe mit grundsätzlicher Bedeutung
- Fragen der Humanität
- Freiheit und Zwang
- Genie und Gesellschaft
- Einbindung des Individuums in die Gesellschaft
- Ideen und geschichtliche Wirklichkeit

Aufgabe der Dichter:

- Naturwissenschaften und Geisteswissenschaften verbinden (Naturwissenschaftliche Ergebnisse verständlich vermitteln) → Menschen sollen Mannigfaltigkeit der Welt erfahren
- Keiner oberflächlichen Mode nachlaufen → immer Verbesserung der Welt im Blick haben
- Erziehung zu Humanität
- Zwischen Himmel und Erde vermitteln

Gattung:

- Drama im Vordergrund
- Gedankenlyrik
- Bildungsroman
- Balladen (Goethe glaubte darin „Urei" der Dichtung gefunden zu haben, da sie Elemente der drei Gattungen (Lyrik, Epik, Dramatik) in sich vereint

Autoren und Werke:

- Goethe: „Iphigenie auf Tauris", „Egmont", „Torquato Tasso", „Herrmann und Dorothea", „Wilhelm Meister", Balladen
- Schiller: „Don Carlos", „Wallenstein", „Über die ästhetische Erziehung des Menschen", „Wilhelm Tell", Balladen

Zitate und Sprüche:

„Edle Einfalt, stille Größe" (Winckelmann)

„Edel sei der Mensch, hilfreich und gut" (Goethe)

Romantik (1795 – 1840)

Begriff und Abgrenzung:

- „romantisch" = romanhaft, phantastisch (negative Bedeutung = unwirklich, überspannt)
- Erst allmählich positive Kennzeichnung der neuen Lebenseinstellung (grenzt sich von übertrieben rationalen Weltsicht ab)

Zeitgeschichtliche Rahmenbedingungen:

- Enorme politische Umbrüche in Europa zwischen Regierungszeit Napoleons und dem Beginn der liberal-demokratischen Erhebungen Mitte des 19.Jhds.

Welt- und Menschenbild

- Ablehnung einer reinen und einseitigen Vernunft-Orientierung
- Ablehnung der „philisterhaften" Spießigkeit und Angepasstheit der Menschen

Frühromantiker/ Jenaer Romantik

- Streben nach Freiheit, Unendlichkeit und Universalität als Kontrast zur Aufklärung
- Betonung der emotionalen Kräfte und Einlassen auf die Stimme des Herzens
- Poesie als Verbindungmedium des ausdifferenzierten Erfahrungswirklichkeit und Kunstvorstellungen
- Anbindung an die philosophische Idee von Schleiermacher, Fichte und Schelling (Subjektivität der Wirklichkeitswahrnehmung, Verhältnis zwischen Ich und Welt, zwischen Subjekt und Objekt)

Heidelberger Romantik und Späte Romantik

- Gruppierung von Dichtern in Heidelberg
- Ablehnung der Einseitigkeit von Aufklärung und Klassik
- Besinnung auf Nationalgedanken, Natur und Heimat
- Anlehnung a eine idealisierte Mittelaltervorstellung
- Schließlich: Wesentlich von Eichendorff und Hoffmann geprägte Schwerpunkverlagerung

<u>Sprache:</u>

- Verwendung typischer Motive: Wald, Einsamkeit, Stimmungsbilder, Wanderschaft, Mittelalter
- Nachahmung der Volkssprache in den Kunstmärchen
- Beginn des systematischen Erforschung der deutschen Sprache und ihrer Geschichte
- Volksdichtung: alte Mythen und Sagen neu gemacht → Hang zum Fantastischen

<u>Themen und Motive:</u>

- Weltschmerz:
    - Gefühl der Trauer
    - Melancholie
    - Unerreichbarkeit der Welt → Leiden an der Welt/am Dasein (ohne Ursache)
- Romantisierung (der Welt):
    - Ideale/Themen der Romantik verbreiten
    - Romantisches Gefühl im Alltag
    - Wirklichkeit in Träumen umgestalten
- Entgrenzung:
    - Aufhebungen von Grenzen und Alltag
    - Mystische Abgrenzung
    - Freimachen von Zwängen
    - Grenzen im Kopf überwinden
- Blaue Blume:
    - Sehnsuchtsmotiv
    - Symbol für alles, was Romantikern wichtig ist / Themen der Romantik
- Liebe:
    - Parallelen zu Sturm und Drang → starke Betonung des Gefühls
    - Unerfüllte Liebe = geschätzt von Dichtern → Sehnsucht → unglückliche Liebesgeschichte
    - Wenn Liebe in Erfüllung geht → nicht mehr viel zu Schreiben
- Flucht aus Wirklichkeit:
    - Verlauf der Revolution → Schlechtes vergessen
    - Neues, fantastisches erleben → kein Alltagstrott
    - Schlechtes ablegen

- Traum:
  - Flucht in Perfektion
- Fernweh:
  - Wunsch zu reisen → flüchten
  - Wunsch etwas zu erleben
- Philistertum:
  - Bürgerlicher Alltag mit vielen Pflichten und Sorgen
  - Vorurteile: Schlafmütze
  - Alles traditionell
  - Klassischer Spießer
  - Wurde von Romantikern abgelehnt
- Nacht:
  - Magischer Zeitraum wunderbarer Entgrenzung → magisches und fiktives
  - Dunkle Mächte → Schauer-/abgründige Romantik
- Sehnsucht:
  - Inniges Verlangen nach Personen, Dingen, Zustand, Zeitspanne
  - Vermissen
  - Schmerzhaftes Gefühl
- Wandern:
  - Begeisterung für unberührte Natur
  - Nach Revolution → territoriale Zersplitterung des deutsches Bundes → Zollschranken → getrennte Einzelstaaten
  - Wunsch nach Wandern über die Grenzen hinaus → Ferne
  - Dichter selbst Wanderleben → Außenseiter
- Mittelalter:
  - Nationalgefühl → Interesse an Geschichte
  - Romantik hat Mittelalter idealisiert → neu erklärt
  - Dunkles Zeitalter

Gattungen:

- Universalpoesie (bewusste Grenzverschiebungen zwischen den Gattungen, allen Künsten widmen)
- Romane und Novellen mit typisch romantischen Gedichten durchsetzt
- Fragmente (absichtlich unvollendet belassene Werke → Zerrissenheit der Wirklichkeit)
- Kunstmärchen

Autoren und Werke:

- Novalis (1772-1801): „Heinrich von Ofterdingen", Gedichte
- Wilhelm Heinrich Wackenroder (1773-1789): „Herzensergießungen eines kunstliebenden Klosterbruders"
- Ludwik Tieck (1773-1853): „Franz Sternbalds Wanderung"
- E.T.A. Hoffmann (1776-1822): „Phantasiestücke in Callots Manier"
- Clemens Brentano (1778-1842): Gedichte
- Achim von Arnim (1781-1831): „Des Knaben Wanderhorn"
- Joseph von Eichendorff (1788-1857): „Aus dem Leben eines Taugenichts", Gedichte

Zitate und Sprüche:

„Die romantische Poesie ist eine progressive Universalpoesie" (Schlegel)

Frührealismus/Vormärz (um 1830-1848)

Verkörperung unterschiedlicher Reaktionen auf die politische Entwicklung bis zur Revolution 1848/1849

Zeitgeschichtliche Rahmenbedingungen

- Zeit zwischen französischer Julirevolution (1830) und deutscher Märzrevolution (1848)
- Zeit der politischen Restauration (nach Wiener Kongress 1815 bis 1848)
- Parallel zu Biedermeierzeit:
  - Beschäftigung mit den Möglichkeiten privater Abgrenzung
  - Sorge um persönliche Redlichkeit
- Abgrenzung gegen den Idealismus
- Progressiv-demokratische Ausrichtung gegen reaktionär-restaurative Politik (gegen Zensur, Bespitzelung, Unterdrückung der Meinungsfreiheit)
- Kunst als Mittel des politischen Kampfes
- „Junges Deutschland":
  - Widerspruch zur Restauration
  - Absolutheitsanspruch von Kirche und Staat Bekämpfung
  - Forderung nach politischen und gesellschaftlichen Veränderung in Form des demokratischen Liberalismus

Themen

- (Forderung) nach politischer Literatur
- Emanzipation
- Sozialismus
- Tod, Armut, Meinungsfreiheit
- Reformiertes Denken
- Auch an untere Stände (Held aus unterstem Stand)

Form

- (verbotene) Vormärzschriften → Kritische Bücher / Texte

Sprache

- um einfaches Volk anzusprechen auch mit Dialekt → Untersch. Zwischen Arm und Reich auch formal

Realismus (um1850-1890)

- Gegensatz zum Realismus
- Realismus = „Kinder der Naturwissenschaften"
  - Wendet empirische Methoden an + Erkenntnis durch Sinneswahrnehmungen
- Keine ideale Überhöhung → Abkehr vom Idealen → Hinwendung zum Alltäglichen
- Abbildung der Gegenwart/Wirklichkeit + dichterische Verklärung
- Oberflächlicher Optimismus (täuscht überwirklichen Probleme hinweg)
- Hauptsächliche bürgerliche Literatur
- Keine Beachtung des Kleinbürgertum / der sozialen Lage der Fabrikarbeiter
- Distanzierung des Autors

Zeitgeschichtliche Rahmenbedingungen

- 18.Mai 1848: Frankfurter Paulskirche (erstes deutsches Nationalparlament)
- 1849: Parlament wird von Militär aufgelöst (Aufstände in einzelnen Kleinstaaten → blutig niedergeschlagen)
- 1865: Beginn der organisierten Frauenbewegung
- 1871: Kaiserkrönung Wilhelm I. in Versaille (Bismarck = Reichskanzler)
- Sozialistengesetze
- Kulturkampf
- 1888: Kaiser Friedrich (4 Monate)
- 1888-1918: Kaiser Wilhelm II.
- 1890: Entlassung Hindenburgs

Politisch:

- Industrialisierung
- Verstärkter Kapitaleinsatz
- Ausdifferenzierung der Gesellschaft
- Kulturkampf, Sozialistengesetze, Sozialgesetzgebungen

Kulturell:

- Soziale Probleme
- Wissenschaftlicher Sozialismus
- Verbesserung der Lebensbedingungen der Arbeiterschaft
- Positivismus
- historischer Materialismus
- Sozialdarwinismus

Welt- und Menschenbild

- Große Veränderung durch aufkommende Naturwissenschaften
  → Fortschrittsglaube
  → Orientierungslosigkeit durch Verlust von traditionellen Werten und Normen
- Materialistische, diesseits orientierte Gesellschaft
- Bedeutungsverlust zur Religion
- Resignative Grundstimmung
- Konservative Wertehaltung
- Gebundenheit an soziale Schicht
- Vorbildfunktion alles Militärischem
- Untertanenmentalität
- Pflichterfüllung gegenüber Staat

Literatur:

- Abkehr vom Ideal/Exempel
- Hinwendung zur Alltäglichen/ Natur als Realität (reale Gegebenheit)

Poetischer Realismus:

- Paradoxon: Wirklichkeit ist abgebildet, aber dichterisch verklärt
- Kritik an gesellschaftlichen/politischen Verhältnissen
- Oberflächlich → Probleme werden nicht sichtbar

Literarische Gattungen

- Gesellschaftsroman, Entwicklungsroman
- Bildungsroman (→Anpassung an gesellschaftliche Normen statt Vervollkommnung des Individuums → Kennzeichen der Resignation)

- Lyrik (Dinggedichte, Ballade)
- Novelle, Dorfgeschichte
- Drama

⟹ Literatur wird zur Massenware

Expressionismus (um 1905-1925)

- Ausdruck
- Gegenbewegung zur Eindruckskunst (Impressionismus)
- Gesinnung des Symbolismus
  → künstlerischer Ausdruck der eigenen Innenwelt
- Berlin = Zentrum der expressionistischen Bewegung

Situation

- Krisenzeit: erster Weltkrieg
- Weimarer Republik
- Überholte alte Werte
- Wirtschaftliche Unwissenheit
- Größenwachstum der Städte
- Untergang der Titanic, Hallyscher Komet → grundlegende Verunsicherung
- Zeit des Umbruchs
- Wunsch nach Demokratie
- Entwicklung zu modernen Industriestaaten

Folgen

- Als chaotisch empfundene Entwicklung der Menschheit
- Lebensverunsicherung des modernen Menschen
- Reizüberflutung
- Soziale Missstände
- Bewertung der Menschen gemäß ihrer Arbeitskraft
- Sinnverlust

Kulturell

Zwei Daseins- Prinzipien

- Dionysische Daseinsform → rauschhaft- sinnlich
- Apollinische Daseinsform→ Maß an Harmonie

(Kunst soll beide Formen vereinen)

Literatur

- Reaktion auf eine sich verändernde Gesellschaft, Umwelt, Politik→ Prägung der menschlichen Seele durch diese Eindrücke
- Künstlerischer Ausdruck der Innenwelt
- Dasein= gefährdet
- Leben = verflogen, sinnlos
  →Existenzängste
  →Ich-Zerfall
- Pathos (Expressionistischer Schrei):
  =Antwort der wachen Seelen auf furchtbare Umklammerung der Zeit
  →Zeiten der Stille, Anmut, Verschlossenheit waren vorbei
  →Darstellung der Wirklichkeit brachte keine Befriedigung
  →Realität ändern
  →Wirklichkeit ihrem Ideal anpassen (→Aktivismus)
  →Befreiung der Menschen von den Zwängen der Industrialisierung
    - Neue gesellschaftliche Rahmenbedingung
    - Intensität, Simultanität, Reizüberflutung
- Gesellschaftkritik

Themen/Motive:

- Aufbruchssehnsucht
- Dynamik, Leidenschaft, Pathos
- Infrage stellen des industriellen Fortschritts
- Generationen Konflikt (Vater-Sohn)
- Sinnentleertheit des Daseins
- Großstadtproblematik (bedrohlich, beengend, trostlos, dreckig, überfordernd→ Vernichtungspotential, Grauen, Elend→dennoch Faszination) „Hassliebe"
  (Anstelle der vorher vorherrschenden Naturlyrik)
    - großstädtische Nachtwelt (Kneipen, Dirnen, Zuhälter)
- Ich-Zerfall→Gefühl der Ohnmacht, Verlorenheit, Ich-Auflösung
- Angst
- Weltende
- Tod

- Reizüberflutung→Zusammendrängung wechselnder Bilder (Intensität, Simultanität)
- Menschenmassen und gleichzeitig empfundene Einsamkeit
- Dissoziation von Ich und Umwelt
- Körperlicher Verfallsprozess

Merkmale der Dichtung (große Vielfalt)

- Darstellung von Gegensätzen
- Allgemeine-abstrakte Welterfahrungen / groteske Verfremdung
- Depersonalisierung, Entsubstantialisierung des Subjekts
- Betonung der Gefühle über den Verstand
- Personifikationen von Naturgewalten
- Parataktischer Satzbau (Reihungsstil) Simultangedicht (v. Hoddis, Lichtenstein)
- Metaphorik, Farbsymbolik (dämonisierend)
- Ellipsen/unfertiger Satzbau → Aufbrechen syntaktischer Strukturen
- Spiel mit Brechen der Regelpoetik
- Ästhetik des Hässlichen
- Resignative Melancholie
- Sarkastische Form der Selbstironie
- Zynisch, kalte Gedichte

Postmoderne (seit den späten 60ern)

- Aufhebung der Moderne
- Aufhebung der Unterschiede zwischen Unterhaltungsliteratur und anspruchsvoller Literatur
- Jede Leserschaft ansprechen

Welt-/Menschenbild

- Verschiedene Lebenskonzepte gelten als gleichrangig
- Es existiert keine verbindliche Werte- und Konzeptvorstellung
- Jeder hat Recht auf Selbstverwirklichung
- Jeder muss sich jedoch auch selbst zurechtfinden

Kennzeichen

- Aufhebung von realen Zeitmustern und Ortsvorstellungen
- Exotische Ort, historische Ferne
- Spielen mit Anachronismen (falsche zeitliche Einordnung von Vorstellungen, Ereignissen, Dingen oder Personen in Zusammenhang)
- Intertextualität → Spiel mit der literarischen Tradition
  - Leser soll aufgrund seiner Textkenntnisse Beziehung zu anderen literarischen Texten herstellen
  - Mehrfache Rezeptionsmöglichkeit → große Verbreitung
- Ablehnung vordergründlicher Rationalität (z.B. fantastische Elemente)
- Abkehr von klar charakterisierten Helden ⎤— Dekonstruktion des
- Betonung der Wandelbarkeit des Menschen ⎦ Subjekts
- Vermischung der Genre
- Keine eindeutige Interpretierbarkeit

Gedichtanalyse

- Titel, Autor, Thema, Textsorte/Gattung, Veröffentlichungsdatum

Form des Gedichts

- Gedichtform:
  - Volkslied (typische Volkslied-Strophe: vier Zeilen, immer gereimt, drei/vier Hebungen → recht kurz)
  - Sonette (besteht aus vier Strophen: zwei Quartette-vierzeilige Strophen- und zwei sich anschließende Terzetten-dreizeilige Strophen)
- Anzahl der Strophen und Verse
- Metrum:
  - Jambus – unbetont, betont (u -)
  - Trochäus – betont, unbetont (- u)
  - Anapäst – unbetont, unbetont, betont (u u -) → oft mit Auftakt, damit es schöner klingt
  - Daktylus – betont, unbetont, unbetont (- u u)
- Kadenzen:
  - Versenden
  - Betont → männliche Kadenz → stumpf (Not/Tod)
  - Unbetont → weibliche Kadenz → klingend (singen/klingen)
- Reimschema :
  - Paarreim (aabb)
  - Kreuzreim (abab)
  - Umarmender Reim (abba)
  - Binnenreim (...a...a...)
- Satzbau:
  - Zeilenstil: jeder Vers ein Satz (alle Verse enden mit Satzzeichen/Konjunktion)
  - Hakenstil: Verse gehen ineinander über, Versende und Satzende fallen nicht unmittelbar zusammen
- Enjambement:
  - Fortlaufen einer Satz- oder Sinneseinheit aus einem Vers in den darauf folgenden

- Rhythmus:
  - Lange – kurze Vokale
  - Helle – dunkle Vokale
  - Atmosphäre des Gedichts

→ Blick nicht nur auf Regelmäßigkeiten, sondern auch auf Abweichungen von Metrum, Reimschema etc.

→ Form immer mit Inhalt in Verbindung bringen (sinnvolle Bezüge)

Inhalt des Gedichts:
- Sprecher/Erzähler(bei Balladen)/lyrisches Ich(nicht mit Dichter verwechseln)
- An wen richtet sich Sprecher (Leser persönlich angesprochen?)
- Entwicklung
- Welche Motive beherrschen das Gedicht?
- Auffälligkeiten/Besonderheiten
- Aussage/Stimmung/Erkenntnis/Wünsche/Warnung
- Passen Form und Inhalt zusammen oder wiedersprechen sie sich?
- Verbindung zwischen Titel und Thema

Sprache des Gedichts:
- Sprachliche Stilmittel mit Inhalt verknüpft
- Sprachliche Bilder werden aufgelöst
- Besonderheiten: z.B. im Modus (Konjunktiv = Wünsche/Irrationales? ; Imperativ = Aufforderung?) oder im Tempus (Präteritum = thematisiert Vergangenes ; Tempuswechsel) oder Grammatik

Kontextuelle Bezüge:
- Epochenbezüge
  - Motive und Ziele der Dichter einer Epoche (nicht nur aufzählen, erklären warum Dichter so dachten, Bezüge zwischen Motiven verdeutlichen)
- Historischer Kontext

- Biografie des Dichters
- Querverweise zu anderen Dichtern/Gedichten

Schluss:

- Wichtigste Ergebnisse der Analyse nochmal zusammenfassen
- Wertung des Gedichts
- Ausblick
- Abschließende Frage

Stilmittel:

- Alliteration → gleicher Anfangsbuchstabe aufeinanderfolgender Wörter
- Assonanzen → Gleichklang der Vokale zweier aufeinanderfolgender Wörter
- Anapher → gleicher Beginn zweier Verse
- Epipher → gleiches Ende zweier Verse
- Akkumulation → Aneinanderreihung mehrerer Unterbegriffe
- Verkürzung
- Ellipse → Auslassung
- Enjambement → Zeilensprung
- Allegorie → Verbildlichung eines abstrakten Begriffs (Gott Amor für Liebe)
- Antithese → Entgegenstellung von Gedanken und Begriffen
- Anakoluth → unvollendeter Satz
- Apostrophe → feierliche Anrede
- Chiasmus → Überkreuzstellung (Ich schlafe am Tag, in der Nacht wache ich)
- Correctio → Korrektur eines schwachen Ausdrucks
- Euphemismus → Beschönigung
- Hyperbel → starke Übertreibung
- Inversion → Umkehrung der geläufigen Wortstellung im Satz
- Ironie
- Klimax → dreigliedrige Steigerung
- Litotes → Bejahung durch doppelte Verneinung
- Metapher → Bedeutungsübertragung, bildhaft/im übertragenen Sinne gebrauchten Ausdruck
- Neologismus → Wortneuschöpfung
- Onomatopoesie → Klangmalerei

- Oxymoron → Verbindung zweier gegensätzlicher Vorstellungen
- Paradoxon → Scheinwiderspruch
- Parallelismus → Wiederholung gleicher syntaktischer Strukturen
- Paronomasie → Wortspiel durch klangähnliche Wörter
- Pejorativum → Abwertender Ausdruck
- Periphrase → Umschreibung
- Personifikation → Vermenschlichung
- Rhetorische Frage
- Sentenz → Sinnspruch
- Symbol → anschauliches Zeichen für etwas Abstraktes (Taube für Frieden)
- Synästhesie → Verbindung unterschiedlicher Sinneseindrücke
- Synekdoche/Pars pro toto → ein Teil steht für das ganze oder umgekehrt
- Vergleich → Verknüpfung zweier Bereiche durch einen Punkt, in dem sie übereinstimmen
- Wortdopplung
- Zeugma → ungewohnte Beziehung eines Satzteils auf mehrere andere
- Tautologie → Ersetzung durch ein sinnverwandtes Wort
- Dominutiv → Verniedlichung

Literarische Werke

- Autor: Heinrich von Kleist
- Erscheinungsjahr 1809/1810
- Textsorte: Drama → Lösungsdrama
- Epochale Zuordnung: Klassik (adlige Personen) / Romantik (Betonung des Gefühls)
- Thematisierung des Konflikts zwischen Freiheit des Individuums und der Rechtsordnung der Gesellschaft
- Historischer Bezug, um Lehren zu ziehen→ Stilisierung
- Fußt auf historischen Ereignissen im Jahr 1675 (135 Jahre vorher)

Inhalt:

1. Akt
   a) Traum von Liebe und Ruhm → Flucht in irreale Welt, Sehnsucht
      - Träumender Prinz
      - Erwachen des Prinzen → Konfrontation mit Realität

   b) Unaufmerksamkeit
      - Kurfürst mit Abreise beschäftigt
      - Feldmarschall erläutert Schlachtplan und Befehle
      - Prinz = geistig abwesend (Traum), Verwirrung

- Exposition, Anbahnen des Konflikts

2. Akt
   a) Insubordination (Ungehorsam)
      - Prinz = hilflos, kennt seine Aufgabe nicht
      - Befehl des Prinzen zum Angriff entgegen der erteilten Order → nur Kurfürst darf Befehl erteilen
      - Offiziere wollen ihn zurückhalten → Missachtung des Befehls

   b) Erfolg
      - Angeblicher Tod des Kurfürsten
      - Wünsche des Prinzen: vollständiger Erfolg, Nathalie

- Stallmeister tot, Kurfürst lebt

c) Verhaftung + Verurteilung
  - Angriff erfolgt zu früh
  - Befehlsgeber (Prinz) → „des Todes schuldig"
  - Gesetze und Befehle, nicht der Zufall sollen Erfolg bringen
  - Verhaftung des Prinzen (verwirrt)

- Steigende Handlung, erregendes Moment

3. Akt
  a) Im Gefängnis
    - Prinz = optimistisch, keiner Schuld bewusst
    - Schätzt Kurfürsten emotional auf Begnadigung ein
    - Stimmungswandel

  b) Bei der Kurfürstin
    - Nichte Nathalie soll das Leben des Prinzen retten (Bitte an Kurfürsten)
    - Prinz → Todesangst
    - Kurfürstin und Nathalie fordern Prinzen auf Haltung zu bewahren
    - Nathalie will um Gnade bitten

- Höhepunkt, Peripetie

4. Akt
  a) Nathalie beim Kurfürsten
    - Gespräch mit Kurfürst
    - Kurfürst: staatspolitisch, Aufrechterhaltung der Rechtsordnung
    - Nathalie: Gefühl, trotz Begnadigung Festigung des Vaterlandes
      → bedingte Begnadigung: Prinz soll Urteil als ungerecht zurückweisen (ästhetische Erziehung)
  b) Taktik der Prinzessin (Nathalie)
    - Eigenmächtigkeit Nathalies (Unterschriften sammeln)
- Fallende Handlung

c) Anerkennung der Schuld
  - Brief an Prinzen → Kurfürst legt Entscheidung in seine Hände
  - Wandlung des Prinzen durch Anerkennung der Schuld
    (Ästhetische Erziehung als Vervollkommung der Menschen –
    Schiller)

- Retardierendes Moment + Wendepunkt

5. Akt
  a) Rebellion?
    - Rebellion des Militärs
    - Feldmarschall drängt zur Begnadigung
    - Kurfürst: Kriegsgericht vs. Gefühl

  b) Diskussion mit Offizieren
    - Letzte Ehre des Prinzen durch das Militär
    - Bittschrift der Offiziere (ohne Kenntnis des Prinzen)
    - Hohenzollern erinnert den Kurfürsten an die Nacht, in der der
      Prinz geistig abwesend gewesen ist und voll von Liebe zu Nathalie

  c) Haltung des Prinzen
    - Gerührt vom Vertrauen seiner Offiziere
    - Dennoch: erkennt Todesurteil an
    - Bittet um Verzeihung

  d) Begnadigung (Harmoniestreben)
    - Alle wollen mit Prinzen weiter gegen Schweden kämpfen
    - Aufhebung des Todesurteils
    - Läuterung(Besserung) des Prinzen
    - Schließung des Rahmens (Umkehrschluss → Lorbeerkranz →
      Ohnmacht des Prinzen) (Ringschluss)

- Lösung, Versöhnung

Zentrale Themen:

(Themen/Motive der Klassik und Romantik werden direkt gegenüber gestellt)

- Gesetz vs. Freiheit
- Verantwortung
- Traum vs. Realität
- Humanes Denken
- Schuldeingeständnis → Einsicht
- Patriotismus vs. Vaterland
- Pflicht vs. Ungehorsam
- Gefühl vs. Verstand
- Selbstfindung vs. Reifung
- Vater-Sohn-Konflikt (Expressionismus)

Epochale Merkmale der Romantik	Epochale Merkmale der Klassik
• Poesie, Weltbildung, Selbstbildung spielen zusammen → Vers 829 ff. + Vers 843 ff. • Sensibilität → Vers 1083 ff. • Freiheit der Einbildungskraft → Vers 24 • Verbindung von in die Realität projizierten Vorstellungen, Ängsten und Hoffnungen → Prinz geht zu Kurfürstin und fleht sie an: Ängste und Hoffnungen treffen aufeinander • Symbol-Ketten → Vers 188 ff. / Vers 315 ff. • Versenkung in die Geschichte → Vers 350	• Wunschgedanke der Humanität → Vers 1106 ff. → Entscheidung des Prinzen, Eingeständnis der Schuld trotz Konsequenzen • Kollision der unbedingten Leidenschaft mit dem bedingten Stand → Vers 497 • Standesideal des Adels → Alle Protagonisten = Anhänger des Adels • Humanistisch gebildete und human handelnde Menschen → Vers 1820 • Aufhebung der Divergenz zwischen Pflicht und Neigung → Vers 1129 ff „Das Kriegsgesetz, das weiß ich wohl, soll herrschen, jedoch die lieblichen Gefühle auch." →Neigung: keine Schuld bei Schlacht Pflicht: Schuldeingeständnis →Forderung/Anerkennung Todesurteil

Charaktereigenschaften:

<u>Prinz Friedrich von Homburg:</u>

- Sozialer Stand: General der kurfürstlichen Reiterei Brandenburgs
- Träumerisch, schwärmerisch, überhöhte Liebe (Ruhm, Anerkennung, Nathalie), übermütig, verantwortungslos, egoistisch, ruhmvoll, selbstbewusst
- Todesangst(verleugnet sogar Gefühle für Nathalie): schuldbewusst, einsichtig, mutig, couragiert, selbstlos, selbstbewusst
- Rolle: Gang vom ich-bezogenen zum gemeinschaftsbezogenen Selbstbewusstsein

<u>Prinzessin Nathalie:</u>

- Sozialer Stand: Nichte des Kurfürsten, adlig
- Zurückhaltend, gehorsam, mitfühlend, emotional, emanzipiert, beherzt, mutig, flehend, klug, eifrig, liebevoll, vermittelnd, verzweifelt, misstrauisch, realistisch vorsichtig (Brief an Kottwitz), entschlossen, beeindruckt (vom Prinzen)
- Rolle: klardenkende, vermittelnde Person (von Gefühlen geleitet)

<u>Obrist Kottwitz:</u>

- Sozialer Stand: altgedienter, schlachterfahrener, preußischer Offizier, adlig
- Loyal, gehorsam, treu, gewissenhaft, vaterlandstreu, untergeben, ängstlich (wurde zum Angriff überredet), ehrenvoll, unbeeindruckt (von den Argumenten des Kurfürsten), mutig
- Untertanenmentalität
- Pflichterfüllung gegenüber dem Staat (Realismus)
- Rolle: Ausgleich zwischen Gesetz und Gefühl (im Bezug zum Prinzen)

<u>Kurfürst:</u>

- Sozialer Stand: adlig, überlegen
- Ideale, Streben nach vorbildhaftem, normsetzenden, überzeitlich Gültigem – Kategorischer Imperativ

- Hält an bestehenden Gesetzen fest
- Spielt mit dem Prinzen
- Sorge um Familie
- Gerecht, konsequent
- Innerer Konflikt → Staatsoberhaupt vs. Ziehvater
- Wandelbar
- Vaterland/Staat an erster Stelle
- Liebevoll im Bezug auf Nathalie

→ von rationalem Denken geprägt, zeigt dennoch Gefühle

Lenz

- Autor: Georg Büchner (politisch engagiert)
- Erscheinungsjahr: 1839
- Textsorte: Novelle (knappe Exposition→ direkt im Geschehen)
- Epochale Einordnung: Vormärz
  - Realistisch, keine Verklärung der Wirklichkeit
  - Scheitern an den Forderungen der psychischen Erkrankung
  - Abwehr der Pflicht
  - Ablehnung der Harmonisierungstendenzen der klassischen Poesie
  - Struktur- /Ziellos
  - Verwirreden / Natur→ Spiegel des Innenlebens
  - Antiheld , kein Vorbild sondern Abbild

Inhalt:

- Lenz geht am 20. Durchs Gebirge
- Er ist psychisch stark angegriffen und ohne inneren Halt
- Eindruck der umgebenden Natur→ starke Gefühlsschwankungen
- Angst (fürchtet warnsinnig zu werden)
- Ziel seiner Wanderung: Waldach
- In Waldach sucht er Pfarrhaus auf, Familie Oberlin
- Pfarrer Oberlin erkennt ihn als Theaterschriftsteller. Lenz möchte nicht nach seinen Dramen beurteilt werden
- Lenz wird herzlich von Fam. Oberlin aufgenommen, seine Angst verschwindet
- Lenz wird im Schulhaus einquartiert, alleingelassen kehrt seine Angst zurück → läuft aus dem Haus, fügt sich Schmerzen zu, um wieder zu sich zu kommen
- Stapft im Brunnen herum→ eisiges Wasser soll ihm Besinnung wiedergeben
- Bewohner + Oberlin eilen herbei
- Lenz = beschämt, versucht sein Bad im Brunnen zu erklären, u Bewohnern den Schreck zu nehmen
- Lenz begleitet Oberlin zu seinen vielfältigen Amtsgeschäften
- Lenz öffnet sich gegenüber Oberlin (Annäherung)

- Lenz wird am Abend wieder von unbestimmter Angst erfasst (fühlt erneut den Schatten des Warnsinns)
- Empfindungslosigkeit, Lebendigkeit fällt von ihm ab → Sturz in den Brunnen
- Allmählich gelingt es Lenz wieder innerlich Halt zu finden (Umgang mit Oberlin + Beteiligung an seinem Leben tragen dazu bei)
- Wunsch an Oberlin einmal die Predigt zu übernehmen (Lenz Theologe)
- Vorbereitung der Predigt beruhigt Lenz, kann Nachts schlafen
- Predigt durchströmt ihn mit Wohlgefühl → Ende des Gottesdienstes = schmerzliche Erschütterung
- Später allein in seinem Zimmer: Mitleid mit sich selbst, Schmerz, (einsam, umgeben von der Stille der Nacht)
- Übernatürliche Empfindungen , Oberlin stimmt Lenz zu
- Lenz hat Sehnsucht mit gesamte Natur einen lebendigen Zusammenhang zu fühlen
- Er liest die Bibel: erneute Angst wegen Oberlins Theorie
- Kaufmann und Braut im Steintal
- Lenz hat Angst dass Kaufmann sein Gleichgewicht, das er als Oberlins Gast erlangt hat, zerstört
- Kaufmann weiß von Lenz Krankheit, Oberlin nicht
- Lenz Auffassung der Kunst: Wirklichkeit soll durch Kunst nicht verklärt werde (Künstler soll sich nicht über Gott stellen)
- Briefe von Lenz Vater→ Lenz soll nachhause kommen
- Lenz reagiert unwillig, er würde zuhause warnsinnig werden
- Oberlin reist mit Kaufmann in die Schweiz→ Lenz alleine (bedrückt, es wird ihm schwer falle ohne Oberlin zurecht zu kommen)
- Begleitet Oberlin ein Stück seines Weges, kehrt allein zurück
- Trifft in der Nacht auf eine bewohnte Hütte, übernachtet dort
- Gastgeber: Frau, Mädchen, Mann → machen auf Lenz einen unheimlichen Eindruck
- Mann gilt als heiliger
- Lenz erleichtert wenn er sich wieder auf den Weg macht (in Gesellschaft)

- Eindrücke der Nacht wirken auf ihn nach→ fühlt sich von einer unerbittlichen Gewalt in den Abgrund gezogen
- Inneres Gleichgewicht ist zerstört (Fieber, Hungern, schlchte träume)
- Versucht sich abzulenken, sucht Kontakt zu Fr. Oberlin
- Hört von einem toten Mädchen im Nachbarort Fouday (3. 2)
- Will dieses aufzuerwecken→ vergeblich, bricht zusammen, zweifelt an Gottes dasein
- Wandel zum Atheist
- Rückkehr Oberlins: Lenz ist betroffen dann aber froh
- Oberlin nun Aufgeklärt über Lenz befinden, versucht ihn zu überzeugen zurück zu seinem Vater zu gehen und Landgeistlicher zu werden
- Lenz denkt er hat das Mädchen umgebracht, Oberlin versucht ihm diese Vorstellung auszureden
- Lenz fordert von Oberlin Bestrafung, dieser gibt ihm den Rat sich an Gott zu wenden
- Lenz stürzt sich wieder in den Brunnen
- Lenz provoziert Oberlin: Menschen würden nur aus Langeweile beten
- Suizidversuche Lenz (Oberlin beauftragt Schulmeister auf Lenz aufzupassen während er weg ist)
- Begleitung vom Schulmeister auf Spaziergängen (Grab den Mädchens)
- Lenz merkt, dass Schulmeister zur Aufsicht da ist
- Lenz versucht zu entschwinden
- Gibt sich im Nachbarort als Mörder aus, lässt sich fessel
- Zurück in Waldbach bittet Oberlin ihn wieder ruhiger zu werden→ Lenz betet die Nacht durch
- Lenz Zustand wird immer hoffnungsloser
- Wohltätige Wirkung Oberlins und des Steintals geht verloren
- Allein sein wird immer unerträglicher → fügt sich starke Schmerzen zu
- Selbsterhaltungstrieb lässt sich gegen die Schübe des Warnsinns anzukämpfen

- Mehrere halbherzige Suizid versuche (Tod auch keine Lösung)
- Wir immer mehr zur Belastung für andere
- 8.2 erneuter Suizidversuch→ Stürzt in Wahnsinn hinab
- Lenz wird nach Straßburg gebracht, auf der Reise mehrere Suizidversuche
- In Straßburg: nach außen: vernünftig , nach innen: Leere→ resigniert und hoffnungslos existiert er weiter

Gefühlslage Lenz: (= Antiheld→ Abbild der Wirklichkeit)

- Verwirrt, aufgerieben, gehetzt, überfordert, unentschlossen
- Sein wollen vs. Sind können
- Überwältigendes Gefühl der Einsamkeit→ Schizophrenie (Wahnsinn, Verfolgungswahn, Tunnelblick, verrannt in eigene Welt, fehlende Reflexion)
- Flucht vor sich selbst
- Starke körperliche Reaktion
- Namenlose Angst, innerliche Leere→ „horror vacui"= Angst vor der Leer, dem Nichts
- Mehrere Wahrnehmungsebenen, Zerrissenheit

Manie ⟺ Depression

1. Andeutung des Wahnsinns
2. Erholungsphase durch Oberlin (doch Niemand kann kaputte Seelen heilen)
3. Endgültiger Ausbruch der Geisteskrankheit
   →Suche nach sich selbst
   →äußere Einflüsse (Friederike/Kaufmann/ Vater)
   →Wahnsinn aus Verzweiflung am Wirklichen

Fazit:

- Am Leben zerbrochen
- Niemals wirklich zuhause
- Sich selbst verloren/ verloren was er war

- Wer das Vergangene (Friederike) nicht abschließen kann, verliert die Gegenwart

Gegensatzpaare als Motive der Erzählung:

- Licht – Finsternis/Dunkelheit
- Angst – Beruhigung
- Gleichgültigkeit – Verfolgungswahn
- Wahnsinn – Reflexion
- Einsamkeit – Gesellschaft
- Himmel – Erde
- Realität – Einbildung/ verzerrte Wahrnehmung
- Lust – Schmerz
- Enge – Weite
- Schwere – Leichtigkeit
- Unruhe/ gehetzt sein – Ruhe

Literaturstreit: (Klarer Moment Lenz´)

Lenz (Vertreter Sturm und Drang)	Kaufmann (Vertreter der Klassik + Idealdichter)
<ul><li>Abbild statt Verklärung</li><li>Reale Darstellung</li><li>Strukturlos</li><li>Abwehr der Pflicht</li><li>„Gott hat die Welt wohl gemacht"→ „nicht zu fragen, obs schön, obs hässlich ist"</li><li>Idealismus = schmälichste Verachtung der Natur</li><li>Vergänglichkeit des Schönen</li><li>Auch das Hässliche gehört zum Verständnis der Menschheit</li></ul>	<ul><li>Literatur der Klassik</li><li>Vorbild</li><li>Verklärung der Wirklichkeit</li><li>Ideal</li><li>Lebensfremd</li><li>Lehre</li><li>Moralische Bewährung</li></ul>

Frau Jenny Treibel

- Autor: Theodor Fontane
- Erscheinungsjahr: 1892
- Spielt im Berlin der 1880er
- Textsorte: Roman (Gesellschaftsroman: → spezifische Einblicke in Gesellschaft des Deutschen Reichs, detailreiche Beschreibung der materiellen Verhältnisse und Seelenzustände, arm an äußerer Handlung
  - Glaubwürdig: Hinwendung zum Alltäglichen, Abkehr vom Idealen
  - Empfindungen/Gefühle wecken
  - Fantasie + Herz berühren
  - Aufzeigen menschlicher Beziehungen
- Epochale Einordnung: Realismus
  - Offen für Erfundenes, Poetisches, Phantastisches
  - Träger: Bürgertum
  - Gegensetze des Besitz- und Bildungsbürgertums
  - Wiederspiegelung des wirklichen Lebens im Sinne der Kunst (ästhetische Darstellung, Authentizität)
  - Keine Wiedergabe des „nackten" Lebens, des Lebens und der Schattenseiten (nur oberflächlich)
  - → Verklärung des Hässlichen durch Humor
- Gesamtschau des Bürgertums
- Geschehnis-Roman
- Charakterkomödie in Romanform

Inhalt:

Mittelpunkt: großbürgerliche Familie des Kommerzienrats Treibel + in bescheidenen Verhältnissen lebende Familie des Professors Schmidt

- Frau Kommerzienrätin Jenny Treibel erscheint im Haus von Professor Willibald Schmidt → um Tochter Corinna zu Dinner einzuladen
- Jenny erzählt von Jugend, als sie in Willibald verliebt war(er schrieb ihr Gedichte)
- Jenny stammt aus kleinen Verhältnissen → reich geheiratet
- Rät Corinna an ihre Idealen festzuhalten (nicht Wohlstand über Glück stellen)

- Gäste im Hause Treibel sorgfältig nach Rang und Namen ausgewählt (z.B. Vogelsang → soll Herrn Treibel bei Wahlkampagne unterstützen)
- Abend endet mit musikalischer Darbietung → zum Schluss trägt Jenny wie immer Liebeslied vor, das Willibald einst für sie schrieb
- Kluge + lebhafte Corinna wünscht sich Leben in Wohlhabenheit
- Auf Rückweg vom Dinner gibt sie Vetter Marcell gegenüber zu, sie wolle die Frau von Leopold Treibel (zweiter Sohn) werden
- Marcell liebt Corinna insgeheim und will sie heiraten
- Versucht ihr den Plan auszureden, da Leopold ihr nicht ebenbürtig sei
- Professor Schmidt empfängt in seiner Wohnung regelmäßig einen Kreis von Kollegen → Marcell + Corinna treffen im Haus auf die Herrenrunde
- In anschließender Unterhaltung zwischen Willibald und Marcell → Willibald versucht Marcell auszureden, dass Corinna Leopold heiraten könne (Mutter Jenny werde dies nicht zulassen)
- Schwiegertochter Helene (mit Jennys erstem Sohn Otto verheiratet) will ihre Schwester Hildegard mit Leopold verkuppeln
- Jenny lehnt dies ab: ihren beiden Söhnen mangele es an Leidenschaft und auch Helene habe kein Temperament → wünscht sich etwas anderes für Leopold
- Helene schätzt Familie Treibel geringer als ihre eigenen: Leopold = Mittelmaß
- Leopold fühl sich von Familie, von Otto und Helene, vor allem aber von Jenny, bevormundet
- Auch vor Corinna fürchtet er sich → will sie jedoch gegen alle Widerstände für sich gewinnen
- Bei Landpartie: Leopold gesteht Corinna seine Liebe → verloben sich
- Corinna: einverstanden, befürchtet aber heftige Widerstand seiner Mutter
- Zuhause bezweifeln Willibald und Haushälterin Schmolke, dass Leopold sich gegen Mutter behaupten kann
- Leopold unterrichtet Jenny über Verlobung → J. verbietet die nicht standesgemäße Hochzeit
- Kommerzienrat Treibel nicht schockiert; wirft seiner Frau Blindheit und Überheblichkeit vor → erwähnt ihre eigenen Herkunft + verbittet sich den Hochmut (zumal sie immer viel von Willibald halte)

- Als Reaktion auf Verlobung, lädt Jenny Hildegard ein
- Helene ist auf Jennys Seite → will ihr Mögliches tun, um Corinna loszuwerden
- Jenny sucht Willibald aus → empört sich über Corinna → wirft ihr Berechnung vor, lässt keinen Zweifel daran, dass sie nicht als Schwiegertochter in Betracht komme
- Jenny warnt Corinna vor Macht, die sie über ihren Sohn hat → verlässt Haus unter heftigen Drohungen
- Hildegard kommt nach Berlin → Stimmung im Hause Treibel = angespannt
- Kommerzienrat und Jenny gehen sich aus dem Weg
- Leopold hält sich von Corinna fern → schreibt jede Tag einen Brief
- Corinna = gelangweilt, erkennt, dass sie Leopold überschätzt hat und einen Fehler gemacht hat
- Marcell trägt Corinna die Verirrung nicht nach → geben Verlobung bekannt
    → Hildegard endet sich mit Entschlossenheit Leopold zu
- Hochzeit von Marcell und Corinna findet im große Kreis statt → auch Treibel sind Gäste → am Ende des Tages scheinen alle versöhnt

Charaktere:

Jenny Treibel

- Materialistische, diesseits orientierte Grundhaltung
- Tochter eines Bürstenbinders → Kleinbürgertum
- Zentrale Figur (unsympathisch)
- Ende 50, elegant, stattlich, gut gekleidet
- Unbedingte Aufstiegs- und Machtwille: durch Heirat in Bourgeoisie aufgestiegen, Geltungsdrang
- Vertreterin des Besitzbürgertums
- Standesbewusst, Freude am Reichtum
- Sentimental bis zur Verlogenheit
- Lächerlich dargestellt
- Kaltherzig, skrupellos
- Liebt Selbstinszenierung
- Dominant, berechnend

- Widersprüchlich: gibt gerne vor, Wert materiellen Besitzes zu verneinen
- Bevormundet Leopold → wünscht sich kluge Frau für ihn: Corinna Schmidt klug aber arm → verneint die Hochzeit
- Doppelmoral: lässt für andere das selbst beanspruchte nicht gelten
- Durch Selbsttäuschung entzieht sie sich einem vermeidlich moralischem Konflikt

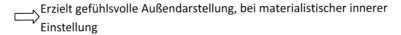 Erzielt gefühlsvolle Außendarstellung, bei materialistischer innerer Einstellung

Sprache:

- Bildsprachlich
- Fällt Treibel ins Wort→ respektlos
- Übernimmt großen Redeanteil→ dominant
- Verwendet Fremdwörter → Bildung, gehobener Stand
- Oberflächliche Moderwörter (Umgangssprache , unterschichtlich)
- Überheblich, oberflächlich→ durch Ironie

Corinna Schmidt

- Gebundenheit an soziale Schicht
- Tochter von Professor Willibald Schmidt → Bildungsbürgertum, intelligent, gebildet
- 25 Jahre, attraktiv, legt Wert auf Äußeres, modern → oberflächlich, materiell orientiert, obwohl rational erzogen
- Trotzdem: ehrlich, aufrichtig, Achtung vor dem Humanen – Unterschied zu Jenny Treibel
- Schmolke = Ersatzmutter
- Marcell = Vetter, von klein auf bestehende Grundsympathie, Gleichklang, wirkliches Zusammenpassen, Achtung der selben Ideale
- Jenny Treibel = Vorbild
- Ehe als Mittel zum Zweck
- Selbstständiges, zielstrebiges Verhalten
- Wünscht sich Leben im Wohlstand → will in Familie Treibel einheiraten, um gesellschaftlich aufzusteigen

- Wahl fällt auf Leopold, da dieser manipulierbar und lenkbar ist, Widerstand Jenny Treibels spornt sie erst recht an
- Fehler: hält andere Menschen für „ungescheiter" als sie sind
- Am Ende Einsicht: ehrlich zu sich selbst → Heirat mit Marcel
- Verkörperung der Ideale des Bildungsbürgertums (vergisst diese teilsweise)

Sprache:
- Lange verschachtelte Sätze
- Wortspiele
- Gehobene Sprache
- Gibt Anweisungen, trotzdem höflich
- Selbstwiderlegung (correctio→ Korrektur eines schwachen Ausdrucks)

<u>Leopold Treibel</u>

- Jüngster Sohn der Treibels, 25 Jahre → Besitzbürgertum
- In Wohlstand hineingeboren
- Gutmütig, recht liebenswert
- Steht unter Einfluss seiner Mutter Jenny
- Schwächlich, wenig stattlich, schwache physische Erscheinung
- Feige (laut Corinna)
- In Corinna verliebt, aber ihr geistig unterlegen
- Zurückhaltend, passiv
- Naturverbunden
- Kindlich, unerfahren, unverheiratet, durchschnittlich
- Widerstandslos → tut was Eltern von ihm verlangen
- Finanziell abhängig, psychisch von Mutter abhängig
- Leidet unter Druck seiner Eltern
- Unglücklich mit seinem Leben
- Beginnt sein bisheriges Leben zu reflektieren → möchte Zustand seiner Unterwürfigkeit ändern
- Tragische Figur

Professor Willibald Schmidt

- Gymnasialprofessor → unbestrittener Protagonist → Bildungsbürgertum
- Vater Corinnas Freundschaft zu Familie Treibel, insbesondere Jenny Treibel (Jugendliebe)
- Humanität und Bildung stehen über allem
- Hang zur Bequemlichkeit
- Durchschaut die Menschen, gute Beobachtungsgabe, rational
- Wenig manipulativ, entspannt, hohes Maß an Selbstironie
- Verständnis für Mitmenschen
  - Ideal des Bildungsbürgertums nach Fontane → nicht nur Wissenschaft und Kultur hochachten, sondern auch Humanität (genauso: Marcell und Distelkamp – Kontrast: Kuh, Rindfleisch und Schulze → menschlich angreifbarer, eitel, kälter)

Sprache:

- Gehobener Sprachstil (Gebildet)
- Höflich
- Detailreich
- Vergleiche mit berühmten Personen
- Metaphern + Personifikationen
- Fremdwörter
- Spöttisch

Sprache spiegelt Status wieder, dennoch auf dem Boden geblieben

Dr. Marcell Wedderkopp

- Bildungsbürgertum → intellektuell
- Bescheiden, „Verzeihen können" (nicht nachtragend)
- Cousin Corinnas / alter Freund
- Strebt Hochzeit mit Corinna an, durchschaut ihre Gier nach Besitz und Geld
- Legt Wert auf Werte wie Treue, Ehrlichkeit, Redlichkeit
- Letztlich vergebend und vergessend → steht über den Dingen → wahre Liebe, wahre Gefühle, Beständigkeit und Treue (romantisch?)

Kommerzienrat Rat

- Wohlhabender Fabrikant → Besitzbürgertum
- Mann von Jenny, Vater von Otto + Leopold
- Politische Ambitionen → möchte Konsul werden
- Humorvoll, Hang zur Ironie
- Herzlich, plaudert gern, gastfreundlich
- Nachgiebiger als Jenny

Sprache:

- Teilweise gehobener Sprachstil → benutzt Fremdwörter und zitiert (jedoch oft unsicher)
- Stellt viele Fragen→ interessiert
- Herzlich
- Jenny kritisiert bäuerlichen und robusten Sprachstil (S. 169)
- Höflich, unterbricht andere jedoch→ kein aufmerksamer Zuhörer
  Zwar gehobene Sprache, aber wenn es mal nicht der Richtigkeit entspricht, steht er dazu und es macht ihm nichts aus
  Gibt nicht vor etwas zu sein, was er nicht ist !

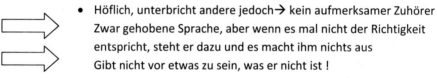

Frau Schmolke

- Wirtschafterin von Professor Schmidt → Kleinbürgerin, Unterschicht, Proletariat
- Ersatzmutter Corinna
- Unterstreicht die Schmidtschen Ideale
- Verkörperung des rein menschlichen, Güte, Herzenswärme (Ideal von Menschlichkeit und Güte → Klassik)

Sprache:

- Umgangssprache
- Verschluck Silben
- Berliner Dialekt
- Metaphern
- Weise durch viele Lebenserfahrungen
- Standesgemäßer Sprachstil

Fontanes Haltung zur Bourgeoisie:

Bourgeoisie = abschätzig genutzter Begriff zur Bezeichnung der gehobenen sozialen Klasse, die der Klasse des Proletariats gegenüber stehen, Synonym für Kapitalisten/Ausbeuter (Marx)

- Sehr reicher Angehöriger der Oberschicht
  - Bourgeoisie = furchtbar, phrasenhaft, lügnerisch, hochmütig, hartherzig
  - Adel und Klerus = altbacken
  - Arbeiter = echter, wahrer, lebensvoller
  - Wohlwollen und liebevolle Nachsicht gegenüber seiner bourgeoisen Charaktere

Frauenbild

Jenny :

- Bestimmende Person → Unterdrückt die Männer (aber nicht öffentlich) (modern)
- Kämpft aktiv um ihren Stand (geborene Bürstenbinder) (modern)
- Gebildet (modern)
- Will sich durch ihre Männer bereichern→ Heirat (konservativ)
- Typische Gastgeberin (konservativ)
- Erfüllt die klassischen Vorgaben einer Frau (Konservativ)

Nach außen konservativ

Nach innen modern

Corinna:

- Nimmt Rolle der Hausfrau an→ Bügeln, Haushalt, etc. (konservativ)
- Will einen unterwürfigen Mann (Leopold) (modern)
- Jenny als Vorbild (modern)
- Will sich durch Männer bereichern→ Heirat (konservativ)
- Kein politisches Interesse (konservativ)

Viele moderne Ziele, jedoch mehr konservativ

Fr. Schmolke + Fr. Honig

- Typische Frauenrolle (Hausarbeit) (konservativ)

ABER: FR. Schmolke→ moderne Züge (widerspricht, klare Meinung, sagt diese auch)

Die Verwandlung (groteske Verfremdung)

- Autor: Franz Kafka
- Erscheinungsjahr: 1902
- Textsorte: Erzählung
- Epochale Einordnung: Expressionismus → Symbolismus
- Autobiographische Züge (→ künstlerischer Ausdruck der Innenwelt: als übermächtig und unnahbar empfundener Vater)

Inhalt:

Erster Teil:

- Gregor Samsa arbeitet auf Wunsch des Vaters als Vertreter (hält mit Einkommen ganz Familie über Wasser)
- Gregor wacht auf → muss feststellen, dass er sich Übernacht in ein, wie Kafka es beschreibt, „Ungeziefer" verwandelt hat
- Verwandelter Gregor kann sich nur minimal bewegen → muss meiste Zeit im Bett verbringen → beginnt über Leben nachzudenken
- Schnell werden im Unzulänglichkeiten seiner Existenz bewusst (da er Arbeit nur wegen Schulden des Vaters ausübt)
- Als einziger „Ernährer" der Familie kann er aber nicht kündigen und sein Leben in die eigenen Hände nehmen
- Frustriert muss Gregor zweifache Abhängigkeit (zu Familie und zu Arbeit) zur Kenntnis nehmen

Zweiter Teil:

- Prokurist von Gregors Arbeitgeber erscheint bei Familie, um sich um Gregors Verbleiben zu erkundigen (da nicht zur Arbeit erschienen)
- Vater führt Prokuristen in Gregors Zimmer
  →bei diesem Anblick ergreift dieser direkt die Flucht (während Gregors Vater – wie Dompteur – versucht, den Sohn wieder in Zimmer zurückzutreiben
- Familie setzt sich mit Situation auseinander:
  →Vater mehr besorgt um bevorstehende finanzielle Sorge als um Zustand seines Sohnes
  →Mutter, Vater, Schwester beraten, wie Familie nun finanziell abgesichert werden kann

- →Vater sieht sich außerstande, da er seit Konkurs nicht mehr gearbeitet hat (außerdem zugenommen + lethargisch geworden)
- →Mutter auch nicht: Hausfrau + muss von Selbstmitleid zerfressenen Mann versorgen (hat niemals gelernt, eigenen Entscheidungen zu treffen)
- →Schwester ähnlich unfähig zum Broterwerb → im Gegensatz zu Bruder alle erdenklichen Freiheiten in Familie → lebt vorwiegend in den Tag hinein
- Währenddessen wird immer deutlicher, dass es sich bei Gregors Verwandlung um etwas Endgültiges handelt
- Menschliche Wesenszüge verblassen immer mehr → auch Hoffnung auf Änderung der Lage schwindet
- Gregor versucht sich mit Situation zu arrangieren → kriecht immer öfter durch sein Zimmer
- Für mehr Möglichkeiten zur Fortbewegung im Zimmer räumen Mutter und Schwester Zimmer leer
- Wollen auch Lieblingsgemälde entfernen → Gregor krabbelt drauf um es zu Schützen → von Mutter als Attacke fehlinterpretiert → fällt in Ohnmacht
- Als Schwester zur Hilfe eilt, fällt Fläschchen vom Regal → verletzt Gregor
- Als Vater davon erfährt → wirft mit altem Apfel nach Sohn → erneute Verletzung

Dritter Teil:

- Verletzung bleiben unbehandelt → allgemeiner Zustand verschlechtert sich zusehends
- Auch Grete, die Bruder eigentlich mit Küchenabfällen verpflegen soll, vernachlässigt Pflicht immer mehr
- Familie vermietet mehrere Zimmer unter
- Familie hat sich arrangiert → Aufgaben neu verteilt → geht mehr und mehr wieder zu Alltag über
- An einem Abend → Gregors Zimmer nicht verschlossen → kriecht heraus → von Untermietern entdeckt → ziehen aus

- Dadurch reift bei Eltern + Grete Entschluss sich des verwandelten Gregors zu entledigen → Gregor nur noch Störenfried in Augen der Familie
- Noch bevor Familie Gelegenheit zum Handeln hat → Gregor von letzem Lebenswillen verlassen → stirbt in nächster Nacht
- Mit liebloser Entsorgung deiner Überreste → alle Spüren Gregors Existenz vernichtet (kommt Angehörigen nicht wirklich ungelegen)
- Bei gemeinsamen Ausflug: Familie beschließt, Erlebtes hinter sich zu lassen → hoffnungsvoll in Zukunft schauen → insbesondere Gretes Zukunft (neue Wohnung + Ehemann für Grete = neues Ziel der Familie
- Über verlorenen Sohn wird nie wieder ein Wort gesprochen

Gregors Leben vor Verwandlung

- Tuchhändler (Geschäftsreisender) → anstrengender Job, hasst diesen (Mensch wird gemäß seiner Arbeitskraft bewertet)
- Ständige Sorge und ständiges Aufregen
- Hektisch
- Arbeitet für seine Familie (Schulden)
- Stets pünktlich und verlässlich
- Pflichtbewusstsein
- Vermeidlich bevorstehende Kündigung
- Kein gutes Verhältnis zu seinem Chef (kein Vertrauen)
- Sturköpfig
- Unterwürfig
- Wird unterschätzt
- Angespanntes Verhältnis zu seinem Vater, keine gute Behandlung → Vater-Sohn-Konflikt
- Fürsorgliche Schwester
- Liebevolle Mutter
- Keine Kontakte außerhalb der Familie oder des Arbeitsplatzes („Der einzelne Mensch, der in die Welt geworfen wurde [...] und von seinen Mitmenschen nicht verstanden, ja oft gar nicht wahrgenommen wird.")
- Keine Frau

→unbefriedigende Gesamtsituation

Tod Gregors (Ich-Zerfall)

Ursachen

- Verzicht auf Schlaf und Nahrung
- Apfel-Bombardement ⎤
- Prügel des Vaters ⎦ Vater-Sohn-Konflikt
- Verlust des menschlichen Körpers (körperlicher Verfallsprozess)
- Alleinsein
- Verlust der menschlichen Seele und menschlicher Eigenschaften
- Kontaktstopp zur Familie („Menschenmassen" und gleichzeitig empfundene Einsamkeit)
- Grete Gibt Gregor auf → Verrat, Zurückweisung durch die Familie

Schuld

- Familie → enorme psychische als auch physische Gewalt
- Regression Gregors
- Gregor selbst → zum Zeitpunkt als Veränderung noch möglich war, schaffte er es nicht, sich selbst von seinen Zwängen zu befreien

Gregors Essverhalten

- Gierig, ungezügelt
- Voller Freude
- Aufgeregt
- Instinktiv
- Entwickelt andere Vorlieben
- Isst nur allein
- Innerliche Befriedigung
- Regelmäßig, aber unregelmäßige Mengen

Einschnitt

- Isst nicht mehr, außer er kommt zufällig vorbei
- Behält Nahrung über Stunden im Mund und spuckt sie dann wieder aus
- Kein Vergnügen mehr am Essen
- Kann sich keine Nahrung mehr vorstellen
- Bulimie

Verhältnis zum Essen

- Reflektiert seine Selektion der Nahrung nicht, sondern handelt instinktiv
- Zunehmend fehlende Wertschätzung des Essen
- Keine Zähne: fehlende Lebensqualität, Wehrhaftigkeit, Hilflosigkeit
- Appetit bleibt, aber Lust/Sehnsucht kann nicht befriedigt werden → passiv
- Proportionale Entwicklung von Nahrungsaufnahme und familiärer Fürsorge

Gemeinsamkeiten zwischen Gregors und Kafkas Vater

- Beide überlegen, rücksichtslos, dominant
- Beide schenken Söhnen ein Gefühl der Nichtigkeit
- Kein gutes Verhältnis zu Kindern → mehr an eigenem Profit/Vorteil interessiert
- Beide drohen den Söhnen
- Höchste Position der Familie
- (nach Verwandlung) keine Akzeptanz
- Lasse keine Entscheidungsfreiheit zu → Eigennutz
- Nur eigene Meinung ist wichtig
- Großes Selbstbewusstsein/-vertrauen
- Beide Söhne verkriechen sich
- Unterdrückung

Unterschiede zwischen Gregors und Kafkas Vater

- Kafkas Vater: „Leben in Sauß&Braus"
- Kafkas Vater → verbal gewalttätig
- Gregors Vater auch körperlich
- Gregors Vater zufrieden mit Beruf des Sohnes
- Kafkas Vater ermöglicht ihm sorgenfreies Leben (Gregors lässt sich von ihm aushalten (vor Verwandlung))
- Gregors Vater will ihn loswerden (nach Verwandlung)
- Kafka beschwert sich über Vater → Gregor nie

Sprachliche und inhaltliche Besonderheiten bei Kafka

- Bedrohlich wirkender Sprachstil dadurch, dass viel umschrieben wird, aber nicht konkret benannt wird, negative Aspekte, düstere Stimmung
- Viele biographische Einflüsse
- Viele Fragen bleiben offen und müssen von Leser beantwortet werden
- Parabelhafte Erzählweise
- Klare, schnörkelhafte Sprache
- Eingeschränkte Sichtweise durch personalen Er-Erzähler (Distanz wird geschaffen)
- Personen zeigen oft schwer nachvollziehbare Verhaltensweisen
- Handlung enthält viele Leerstellen
- Absurdität der Handlung ohne fantastische Elemente

→ kafkaeske Erzählweise

Faust I

- Autor: John Wolfgang von Goethe
- Erscheinungsjahr: 1804
- Textsorte: Drama
  Doppeltragödie, zwei Handlungsstränge ≠ keine Einhaltung
  von Ort und Zeit
- Epochale Einordnung: nicht direkt zuzuordnen
  - Sammelbecken vieler Literaturströmungen
  - Verschiedene Epochen stehen in spannungsvollen
    Wechselbeziehungen
  - Langer Entstehungszeitraum

Gründet im Sturm und Drang:

- Faust → Genie (=Gefühle, Entgrenzung, begeistert durch Natur)
- Gretchen → bürgerliches Trauerspiel (Liebe, Kindsmord)
- Reibt an den Grenzen der Erkenntnis und des Nur-Mensch-Seins
- Erhebt sich über Traditionen
- Wagners Existenzerweiterung → Geist des Genies
- Liebe über „soziale Kluft" hinweg → Katastrophe
- Kollision von Natur aus ⟷ Zivilisation, Gefühl ⟷ Gesellschaft
- Liebe führt Gretchen aufgrund von Gesellschaftsvorstellungen ins
  Verderben
- Kritik an Gesellschaft (→ Ächtung, Ausstoßung, eheloses Kind)
  - Knittelverse
  - Offenes Drama (keine Einheit)
  - Umgangssprache/Pathos

Aufklärung:

- Mephisto (Ironie etc.) = Aufklärer
- Kritik, Falschheit, Ideologie
- Gottes-, Menschen- und Weltbild → mündiger Mensch, Welt = beste von
  allen

Klassik:

- Himmlische Rahmenhandlung
- Streben nach humanen, sozialen und ideal denkende Zielen
- Konkretes Menschenbild → klassisch
- Harmonie von Ich und Welt
- Blankvers
- Griechenlandsehnsucht Fausts
- Helena → verkörpert Schönheit und Kunst → Menschen- und Kunstideal

Romantik:

- Ablehnung → Gefährdung des Individuums (→Weltflucht)

Trotzdem vorhanden:

- Fantasietollheit der Hexenküche
- Fabelwesen
- Mittelalterliche Welt im Dom, Helenaepisode
- Romantische Ironie
- Lyrisch-musikalische Chöre
- Naturverbundenheit („Vor dem Tor")
- Musik, Gesang („Vor dem Tor")

→ schwebt über den Gattungen/Formtypen/Epochen

Vorspiel auf dem Theater:

Absicht/Bedürfnisse des Direktors

- Betonung der unternehmerischen Absicht des Theaters
- Will Erwartungen gerecht werden → Anpassung an verschiedene Bedürfnisse → Theater soll der Menge gefallen (→Unterhaltungssteigerung)
- Ruhm/Reichtum/gesellschaftliches Ansehen
- Hohe Erwartungen an alle Mitwirkenden (keine Fehler machen)
- Keine Zeit vergeuden

Absichten/Bedürfnisse des Dichters

- Eigenständiger und eigengesetzlicher Wert der Kunst

- Kunst steht nicht im Dienst weltlicher Interessen
- Kunst folgt eigenen Gesetzen
- Abgrenzung gegen Massenpublikum
- Reines Wesen der Poesie

Absichten/Bedürfnisse des Schauspielers (lustige Person)

- Persönliche Interessen (→ vertritt nicht am Ideal der Kunst orientierte Interessen)
- Will sich präsentieren → Liebe/Ruhm des Publikums
- Wunsch nach großer Resonanz
- Geltungsdrang
- Ausrichtung auf Augenblickserfolg
- Darstellungen aus dem „vollen Menschenleben"
- Humor
- Nicht an Wahrheit gebunden

Prolog im Himmel

Menschenbild Gottes

- Streben nach Klarheit
- Entwicklungsfähig (stetes Bemühen, über das Erreichte hinauszukommen)
- Irre → Erkenntnis
- Glaube an das Gute im Menschen → Wette
- Mensch braucht Führung → Gott = Helfer

→ idealistisches Menschenbild

Menschenbild Mephistos

- Ohne Glaube hätte der Mensch es einfacher
- Menschliches Dasein = Plage und Last
- Leicht beeinflussbar
- Liebt Genuss und Faulheit (=stärkster Gegner)
- Reduziert auf tierische Triebe

Inhalt

5.2. Die Liebenden vereinigen sich und geraten in Schuld

17) Wald und Höhle	F. zwischen Harmonieerlebnis und Leiden an seiner Zerrissenheit ..> M. treibt F. zu G. zurück
18) Gretchens Stube	G. Sehnsucht nach F.
19) Marthens Garten	Neues Rendezvous: die Gretchenfrage → Verabredung der Liebesnacht
20) Am Brunnen	Gespräch mit Lieschen Müller: drohendes Schicksal eines ledigen Mutter
21) Zwinger	G. betet in ihrer Angst zur „schmerzhaften" Mutter Maria
22) Nacht, Straße vor G. Tür	F. tötet mit M.s Hilfe G.s Bruder Valentin, der Weg zu G. versperrt → V. verflucht sterbend seine Schwester als Hure → F. und M. verlassen die Stadt
23) Dom	G. fällt während der Messe in Ohnmacht

5.3. Faust lässt Gretchen im Stich, die Schuld im Tode sühnt

24) Walpurgisnacht	M. führ F. ins Reich sinnlicher Verführung → G. erscheint in Vision
25) Walpurgisnachttraum	Spiel im Spiel: Banales Gegenstück zu Gretchentragödie in goldener Hochzeit des Elfespaares Oberon und Titania
26) Trüber Tag	[Prosa Szene] F. gibt M. Schuld an G.s Schicksal
27) Nacht- offenes Feld	F. und M. auf „schwarzen Pferden" unterwegs
28) Kerker	G. fühlt F.s Kälte, lehnt Befreiung ab, schaudert vor M. → gibt sich in Gottes Hand

Das Parfüm

- Autor: Patrick Süßkind
- Erscheinungsjahr: 1985
- Textsorte: Roman
- Epochale Einordnung: Aufklärung/Postmoderne

Inhalt:

1. Kapitel
   - Jean-Baptiste-Grenouille wird am 17.Juni 1738 in Paris geboren
   - Mutter gebar ihn beim Arbeiten am Fischstand → warf ihn zu Fischabfall
   - Mutter wegen Kindsmorden geköpft
   - Junge wird von Amme zu Amme weitergegeben → bis er letztlich ins Kloster übergeben wird
   - Dort findet man Amme Jeanne Bussie → kümmer tisch für drei Francs die Woche um ihn

2. Kapitel
   - Jeanne Bussie bringt Grenouille zurück zum Kloster → will Säugling loswerden → ist Amme unheimlich, da er keinen Eigengeruch hat (glaubt, er sei vom Teufel besessen)
   - Pater Terrier nimmt Kind zurück

3. Kapitel
   - Pater hält Aussagen der Amme für Aberglaube → muss feststelle, dass das geruchlose Kind Gerüche so wissend und gründlich wahrnimmt → fühlt sich bloßgestellt
   - so schnell er kann gibt er Kind weiter

4. Kapitel
   - Grenouille kommt zu Madame Gaillard (Kinderpflegerin)
   - Keinen Geruchssinn → stört sich nicht an Grenouilles Geruchslosigkeit
   - Hat ausgeprägten Sinn für Gerechtigkeit
   - Kein Gespür für irgendwas → Kinder, die sie Pflegt nur Geschäft (behandelt sie auch so)
   - Anderen Pflegekinder von Madame Gaillard versuchen Grenouille umzubringen → merken, das mit ihm etwas nicht stimmt

5. Kapitel

- Grenouille lernt erst mit zwei Laufen
- Ersten Worte die er spricht, sind Namen von Gerüchen
- Als er sechs ist, kennt er alle Gerüche im Haus und der Umgebung, von Dingen und Menschen
- Grenouille lebt in seiner eigenen Welt → Welt der Düfte
- Fähigkeit, Gerüchte wahrzunehmen und zu unterscheiden (auch olfaktorisches Gedächtnis extrem fein → alle anderen Wahrnehmungen treten hinter Geruchssinn zurück
- Lehrer halten ihn für schwachsinnig
- Als Kloster monatliche Zahlungen einstellt an Madame Gaillard einstellt, verkauft sie Grenouillle an Gerber Grimal

6. Kapitel

- Auch hier bewährt sich Grenouilles Überlebenskunst → Brutalste Behandlung, schwerste Arbeit und gefürchteter Milzbrandt können ihn nicht umbringen
- Arbeitet sich zum Lehrling hoch → wird unentbehrlich für Grimal

7. Kapitel

- Erweitert planlos und unermüdlich sein Geruchsreservoir
- Erkundet ein Stadtviertel nach dem anderen

8. Kapitel

- bei einem Streifzug durch Paris (01.09.1753) kommt ihm betörender Duft eines rothaarigen Mädchens in die Nase (verändert sein ganzes Leben)
- Um sich unvergleichlichen Duft ganz einverleiben zu könne, tötet er das Mädchen (macht sich unerkannt davon)
- Einige Tage später erinnert er sich noch an Duft, aber nicht mehr an Aussehen

9. Kapitel

- Giuseppe Baldini wird vorgestellt → einstmals größter Parfümeur Paris'
- Sein Laden wird nur noch wenig besucht

10. Kapitel
- Baldini zieht sich in Arbeitszimmer zurück → will neuen Duft kreieren → Konkurrenzprodukt „Amor und Psyche" augenblicklich beliebtestes Parfüm
- Baldini soll Parfüm für spanische Haut entwerfen (Geselle ist sicher, dass „Amor und Psyche" dafür ausgewählt wird, da Baldini schon lang kein großer Parfümeur mehr

11. Kapitel
- Baldini in Arbeitszimmer → wütend auf Konkurrenten Pelissier (ist als Essigsieder erfolgreicher, als der alteingesessene Baldini)

12. Kapitel
- Baldini beschäftigt sich mit Analyse von „Amor und Psyche"
- Versucht verschiedenen Düfte, die in „Amor und Psyche" enthalten sind, herauszufiltern → kommt nicht sehr weit, da seine Nase nach Stunden des Riechens abstumpft und nichts mehr riecht

13. Kapitel
- Baldini gelang nach langem Kampf zu der Einsicht, dass es besser ist sich zurückzuziehen
- Er will gerade ins Bett gehen, als Grenouille vor der Tür steht, um die Lederhaut abzuliefern

14. Kapitel
- Baldini lässt Grenouille eintreten
- Grenouille bemerkt das Baldini „Amor und Psyche" trägt/ danach riecht → bietet ihm an Parfüm zu mischen
- Baldini stimmt zögernd zu → um Grenouille zu beweisen, dass er ein Stümper ist

15. Kapitel
- Grenouille kopiert „Amor und Psyche"
- Danach kreiert er eigenes Parfüm → noch besser als „Amor und Psyche"
- Bitten Baldini um Lehrstelle

16. Kapitel
- Baldini kauf Grimal den Jungen ab
- Gerber feiert den Verkauf → ertrinkt betrunken in der Seine

17. Kapitel
- Grenouille bringt mit seinen Kreationen das Haus Baldini wieder ganz nach oben (→ wieder Reichtum und Ansehen)

18. Kapitel
- Grenouille lernt von Baldini, wie man Pflanzen ihre Düfte entzieht

19. Kapitel
- Grenouille stellt fest, dass er bei Baldini nichts mehr lernen kann
- Er fürchtet, dass er sein Lebensziel niemals erreicht (und niemals einen wirklich guten Duft kreieren kann)
- Leben scheint sinnlos (er wird bedrohlich Krank)

20. Kapitel
- Grenouille hat Entscheidung gefasst zu sterben
- Als Baldini glaubte er sein so gut wie tot → Grenouille fragt, ob es andere Art der Konservierung von Düften gibt → in Stadt Grass könne er erlernen wie
- Grenouilles Lebenswille ist wieder geweckt

21. Kapitel
- Nach Ablauf der Lehrjahre verlässt Grenouille Paris mit Gesellenbrief → will in Grass das Geheimnis des Flettfleurage erlernen

22. Kapitel
- Baldinis Haus stürzt ein → stirbt

23. Kapitel
- Grenouille mit 18 Jahren auf sie allein gestellt
- Umso weiter er sich vom Gestank der Hauptstadt entfernt, umso freier fühlt er sich
- Er flieht vor den Gerüchen der Menschen (Verkriecht sich nachts im Unterholz)

24. Kapitel
- Grenouilles Lebensziel ist es nun nicht mehr, der größte Schöpfer von Düften zu werden → will inneres Glück finden (kann er nur finden, wenn er sich komplett von Menschen zurückzieht)
- Findet eine Höhle, wo er nichts riecht als Steine

25. Kapitel
- Alles was Grenouille zur Erfüllung seines Lebens braucht ist Einsamkeit
- Distanziert sich von realen Welt → lebt nur für sich

26. Kapitel
- Grenouille schafft sich in seiner Traumwelt eine eigenen Geruchswelt
- Er schafft seine eigenen Schöpfung der Düfte → hebt sich selbst über Gott

27. Kapitel
- Lebt nun vollständig in eigener Welt → verlässt Höhle nur um des Überlebenswillen

28. Kapitel
- Sieben Jahre lebt Grenouille völlig abgeschottet
- Katastrophe wird angekündigt

29. Kapitel
- In apokalyptischem Alptraum muss Grenouille feststellen, dass er keinen Eigengeruch hat
- Er flieht aus dem Stollen
- Geht wieder in Welt der Menschen zurück

30. Kapitel
- Grenouille gelangt in eine Stadt, wo er erzählt, er sein sieben Jahre lang von Räubern in einer Höhle festgehalte worden
- Wird zu Marquis de la Taillade gebracht (hält sich wegen seiner „fluidum letale „ Theorie (Erdnähe würde menschlichem Körper schädigen)
- Grenouille, der sieben Jahre in einer in Felsenhöhle unter der Erde gewohnt hat → unbezahlbares Demonstrationsobjekt
- Er führt Grenouille gelehrten Öffentlichkeit vor
- Acht Tage später wieder (gelüftet, gebadet geschminkt, wohl gekleidet Marquis überzeugt wissenschaftliche Welt durch erstaunlichen Wandel Grenouilles von der Richtigkeit seiner Theorie

31.Kapitel

- Grenouille überzeugt Marquis, dass er sich selbst Parfüm mischen muss → erlang Zugang zu einer Parfümerie, in der er sich mit Hilfe eines Parfüms eine Identität schafft (lässt ihn nach „Mensch riechen")
- Dass Großteil der Wirkung Grenouilles auf dem in aller Heimlichkeit hergestellten Parfüm beruht , womit er perfekt angenehmen Menschengeruch imitiert, weiß nur Grenouille („Menschenparfüm)

32. Kapitel

- Grenouille wird erstes Mal von Mitmenschen wahrgenommen, akzeptiert und positiv behandelt
- Tatsache, dass Menschen so leicht zu täuschen sind, löst unglaubliche Verachtung aus
- Grenouille meint, dass er glücklich wird, wenn er es schafft die Menschen dazu zu bringen ihn zu lieben

33. Kapitel

- Grenouilles Täuschung gelingt abermals → Marquis behandelt wie seinesgleichen
- Menschengeruch schafft es sogar Gelehrte zu täuschen
- Wieder gelangt ein anderer durch Grenouille zu Ruhm

34. Kapitel

- Grenouille hat Selbstsicherheit gewonnen
- Ungesehen verlässt er die Stadt und macht sich auf ach Grasse
- Marquis steigert sich in Theorie hinein → will Pyrenäen besteigen und als Zwanzigjähriger wieder hinabsteigen
- Marquis kommt gar nicht mehr zurück

35. Kapitel

- Grenouille erhascht in Grasse Duft eines Mädchens (noch nicht ausgereift)
- Will Duft dieses rothaarigen Mädchens diesmal nicht zerstören → sondern will ihn sich aneignen (Duft muss jedoch erst ausreifen)

36. Kapitel
- Grenouille will Kunst der Mazeration bei Madame Arnulfi und Gesellen erlernen
- Fett in großem Kessel erhitzen (wird flüssig) → Blüten werden zu Fett in Kessel gegeben → geben im Sterben Duft ab
- Sehr fügsam und arbeitswillig → macht ihn anpassugsfähig

37. Kapitel
- Ordnet sich Madame Arnulfi und Gesellen unter → darf eigenständige Entscheidungen treffen
- Lebt immer noch sehr abgeschieden → versucht nicht besonders aufzufallen

38. Kapitel
- Grenouille entwirft für jede Situation passendes Parfüm
- Langsam tastet er sich vom Konservieren pflanzlicher Düfte, über den von Tieren bis hin zu dem von Menschen

39. Kapitel
- Grenouille liebt Duft des Mädchens → will ihn nicht verlieren
- Beschließt Duftdiadem zu komponieren (aus dem Duft „jener äußerst seltener Menschen, die Liebe inspirieren
- Herznote soll Laure Richis liefern
- Mit Duftdiadem will Grenouille Menschen zwingen ihn zu lieben

40. Kapitel
- Grasser Bürger in Angst vor Mädchenmörder
- Bote berichtet, dass Mädchenmörder in andere Stadt gefasst
- Grasser fühlen sich erleichtert (Normalität kehrt zurück + Morde hören auf
- Mörder ist natürlich Grenouille, der bereit ist Herzstück des Diadems in fast vollendetes Parfüm einzufügen

41. Kapitel
- Antoine Richis will seine Tochter verheiraten
- Richis macht sich sorgen um Laure (fürchtet sich immer noch vor Mädchenmörder)

42. Kapitel
- Richis träumt davon, dass Laure tot in ihrem Bett liegt
- Hochachtung vor Möder wächst (ist überzeugt, dass Laure nächstes Opfer ist)

43. Kapitel
- Richis schmiedet Gegenplan → legt Finte (gibt vor mit Laure nach Grenoble zu reisen, um sie in Wirklichkeit heimlich zu verheiraten)

44. Kapitel
- Richis und Laure kehren für die Nacht in Wirtshaus ein → Grenouille schläft im Haus des Stalls

45. Kapitel
- Grenouille tötet Laure (während Richi seelenruhig schläft)
- Grenouille reflektiert bisheriges Leben (während Duft langsam in Fett einzieht) → hat mit Vergangenheit abgeschlossen → zufrieden mit Lebenswerk

46. Kapitel
- Richis findet Leiche seiner Tochter

47. Kapitel
- Bürger von Grass von erneutem Mord wie gelähmt → Panik

48. Kapitel
- Grenouille ist gefasst
- Richis sühnt auf Rache → Tag der Hinrichtung = Tag der Befreiung

49. Kapitel
- Am Tag der Hinrichtung
  - Ganzes Volk liegt Grenouille zu Füßen, als er Flakon mit seinem Parfüm öffnet → jeder hält ihn für unschuldig
  - Werden in vollkommene Extase getrieben
  - Grenouille entgegnet ihren Gefühle mit Hass (verachtet sie + Eckel)
- Grenouille hofft, dass Richis sein Leben beendet, als dieser mit gezogenem Schwert auf ihn zukommt → anstatt ihn zu töten, sinkt Richis vor ihm nieder + bittet um Verzeihung
- Grenouilles Lebenswerk, die perfekte Täuschung wird ihm zum Verhängnis

50. Kapitel
- Madame Arnulfis Geselle wird für Grenouilles Taten verantwortlich gemacht + hingerichtet
- Leben normalisiert sich + Alltag kehrt zurück

51. Kapitel

- Grenouille erkennt, dass sein Leben keine Erfüllung hat
- Beschließt nach Paris zurückzukehren + dort zu sterben
- Am 25.Juni 1776 erreicht er Paris
- Um Mitternacht übergießt er sich mit seiner genialsten Duftschöpfung → wird von herumlungerndem Gesindel aus Liebe aufgefressen

Grenouille: (Betonung der Wandelbarkeit des Menschen

- Keine Zuneigung
- Elternlos
- Keine Integration
- Ungewöhnlich, unsozial / sozial minderbemittelt
- Heimatlos
- Isoliert, widerstandsfähig, überlebensstark (Zeck)
- Eigennützig (auf eigenen Vorteil bedacht), abgebrüht, abgestumpft
- Verschlossen, gefühlskalt → kein Empfang von positiven Gefühlen
- Gefühle nur für Düfte (starke Gefühle nur im inneren, alles um ihn herum unwichtig)
- Ohne kindliche Eigenschaften
- Selbstsicher, reflektiert eigene besondere Fähigkeiten → macht sie sich zu Nutzen

Grenouille der „Zeck"

- Blutsauger/Parasit
- Unbemerkt, bietet keine Angriffsfläche, lästig
- Enkel, angsteinflößend
- Widerstandsfähig
- „Kampf ums Überleben"
- Extrem genügsam und Ausdauernd
- Extrem ausgeprägter Geruchssinn
- Unauffällig
- Eintönig
- Isoliert, eigenständig
- Bedarf keiner Fürsorge, Mitgefühl

Das Parfüm und die Schöpfungsgeschichte (Bsp. Für Intertextualität)

- Hoher Bekanntheitsgrad/Wiedererkennungswert
- Autor lässt Grenouille überheblich + egoistisch wirken → Anspielung auf Schöpfungsgeschichte ironisiert seine Anmaßung
- Autor vergleich Grenouille mit dem Schöpfer → stellt seine Gabe als überhöht dar (erlebte Rede)
- Zeigt auf, dass Grenouille mit sich selbst und der Schöpfung zufrieden ist → Loblied
- Weist darauf hin, dass Grenouille geistesgestört, anormal, asozial ist → kann sich in keine Gesellschaft eingliedern
- Vergleich mit Gott zeigt Grenouilles Größenwahn → kein Glaube an eine Gottheit, sondern er selbst ist ein Schöpfer
- Allmachtphantasie: Erhabenheit Grenouilles, Unterlegenheit der Menschen (die er für dumm hält)

Bedeutung der Höhlen-/Bergaufenthaltes (Aufhebung von realen Zeitmustern und Zeitvorstellungen, exotische Orte)

- Höhle eng - Fantasie weit → Wendepunkt
- Ordnung seiner Düfte
- Traum: Nebel seiner Eigengeruchs, konnte ihn nicht riechen → Identitätsverlust
- Entwickelt neues, ultimatives Parfüm → menschlicher Geruch (eigene Akzeptanz)
   Eroberung menschlicher Herzen (Resozialisierung)
  Manipulation des Menschen
- Neues Lebensziel: Macht über Menschen